Я ЛЮБЛЮ ГОВОРИТИ ПРАВДУ

I LOVE TO TELL THE TRUTH

Автор: Шеллі Адмонт

Ілюстратори Сонал Гоял та Суміт Сакуджа

www.kidkiddos.com

Copyright©2015 by S. A. Publishing ©2017 by KidKiddos Books Ltd.

support@kidkiddos.com

First edition

Translated from English by Aliona Vranceanu

Переклад з англійської мови: Альона Вринчану

Ukrainian editing by Marina Boot

Редагування українською мовою Марини Бут

Library and Archives Canada Cataloguing in Publication Data
I Love to Tell the Truth (Ukrainian English Bilingual Edition)/ Shelley Admont
ISBN: 978-1-5259-6237-0 paperback
ISBN: 978-1-5259-6238-7 hardcover
ISBN: 978-1-5259-6236-3 eBook

Please note that the Ukrainian and English versions of the story have been written to be as close as possible. However, in some cases they differ in order to accommodate nuances and fluidity of each language.

Для тих, кого я найбільше люблю

For those I love the most

Був чудовий літній день. Ясно світило сонечко і щебетали пташки. Навколо барвистих квітів метушилися метелики і бджілки.

It was a beautiful summer day. The sun was shining brightly. The birds were chirping. The butterflies and the bees were busy visiting the colorful flowers.

Маленький зайчик Джиммі грався м'ячем з двома старшими братами на подвір'ї. Їх мама поливала свої улюблені ромашки.

Little bunny Jimmy was playing ball in the backyard with his two older brothers. Their mom was watering her favorite daisies.

— Будьте обережні, хлопці, грайтеся подалі від моїх квітів, — сказала мама.

"Be careful not to go near my flowers, boys," said mom.

— Добре, мамусю, — закричав Джиммі.

"Sure mom," yelled Jimmy.

— Не хвилюйся, мамо, — сказав старший брат. — Твої ромашки — в безпеці.

"Don't worry mom," said the oldest brother. "Your daisies are safe with us."

Мама повернулася до будинку, а брати продовжили гратися на вулиці.

Mom went back to the house while the brothers continued to play outside.

— Гей, давайте зараз пограємо в іншу гру, — запропонував старший брат, закручуючи м'яча на пальці.

"Hey, let's play a different game now," said the oldest brother, twisting the ball.

— В яку гру? — запитав Джиммі.

"What game?" asked Jimmy.

Старший брат на секунду задумався:
— Давайте підкинемо м'яча високо вгору і подивимося, хто спіймає його першим.

The oldest brother thought for a second. "Let's toss the ball in the air and see who gets to catch it first."

— Мені подобається ця ідея, — весело сказав Джиммі.

"I like that," said Jimmy cheerfully.

— Давайте почнемо, — вигукнув середній брат. — Зараз кидай м'яча.

"Let's start," cried the middle brother. "Throw the ball now."

Старший брат підкинув м'яч у повітря так сильно, як тільки міг.

The oldest brother threw the ball up in the air as hard as he could.

Всі кролики, повідкривавши роти, дивилися , як великий помаранчевий м'яч швидко злетів догори. Незабаром він почав падати на землю.

All the bunnies looked up with their mouths open as the big orange ball quickly flew up. Soon, it began to fall back towards the ground.

Брати з нетерпінням чекали, простягнувши руки.

Stretching out their hands, the brothers waited eagerly.

Коли м'яч був уже близько до землі, старші брати побігли, щоб спіймати його.

When the ball was about to hit the ground, the older brothers ran to catch it.

В одну мить, Джиммі чкурнув вперед і зловив м'яч першим.
— Ураа! Я виграв!

In a flash, Jimmy leapt forward and reached the ball before them. "Hurray! I win!"

Він аж підскочив від радості і почав бігати кругами по двору.

He jumped in joy and started to run around the backyard in excitement.

Раптом він спіткнувся об невеликий камінь і впав на землю... прямо посеред маминих улюблених ромашок.

Suddenly, he tripped over a small rock and fell flat on the ground ... right in the middle of his mom's favorite daisy plants.

—Ай! — крикнув Джиммі, піднімаючи голову з мокрої землі.

"Ouch!" yelled Jimmy, lifting his head out of the wet soil.

Його старший брат підбіг і допоміг йому піднятися.
— Джиммі, ти поранився? — запитав він.

His oldest brother ran over and helped him back to his feet. "Jimmy, are you hurt?" he asked.

— Ні... Я думаю зі мною все гаразд, — сказав Джиммі.

"No... I think I'm fine," said Jimmy.

— Це тому, що ромашки такі м'які, — пояснив його старший брат, — вони наче захистили тебе".

"That's because these daisies are so soft, they protected you," explained his oldest brother.

Всі три зайчики сумно подивилися на мамині улюблені квіти, які тепер були пошкоджені.

All three bunnies looked sadly at their mom's favorite flowers, which were now crushed.

— Мамі це точно не сподобається, — тихо пробурмотів старший брат.

"Mom will not be happy to see this," murmured the oldest brother quietly.

— Це правда, — погодився середній брат.

"That's for sure," agreed the middle brother.

— Будь ласка, будь ласочка, не кажіть мамі, що я це зробив. Буууудь лааааска... — благав Джиммі, повільно відходячи від клумби з ромашками.

"Please, please, don't tell mom that I did this. Pleeeeeaaaaase..." begged Jimmy, slowly moving away from the ruined daisies.

У цей момент їхня матуся вибігла з будинку.
— Діти, що сталося? Я тільки що почула, як хтось кричав. З вами все гаразд?

That moment, their mom came running out from the house. "Kids, what happened? I just heard someone scream. Are you all OK?"

— З нами все добре, мамо, — сказав старший брат. — А от з твоїми квітами...

"We're fine, mom" said the oldest brother. "But your flowers..."

І тільки в цю мить мама помітила зруйновану клумбу. Вона зітхнула.
— Як це сталося? — запитала вона.

It wasn't until that moment that their mom noticed the ruined flowerbed. She sighed. "How did this happen?" she asked.

— То були інопланетяни, — поспішив відповісти Джиммі. — Вони вийшли з.. звідти ... Він вказав на небо. — Я бачив, як вони ходили по клумбі. Насправді, матусю.
"It was aliens," Jimmy hastened to answer. "They came from... out there..." He pointed to the sky. "I saw them walking over your little daisy garden. Really, mom."

Мама здивовано підняла брови і заглянула Джиммі у вічі.
— Інопланетяни?
Mom raised her eyebrow and looked into Jimmy's eyes. "Aliens?"

— Так, і вони полетіли геть на своєму космічному кораблі.
"Yes, and they flew away in their spaceship."

Мама зітхнула знову.
— Це добре, що вони полетіли, — сказала вона, — тому що зараз саме час обідати. Не забудьте помимити руки. І Джиммі...
Mom sighed again. "It's good that they flew away," she said, "because now it's time for dinner. Don't forget to wash your hands. And Jimmy..."

— Так, мамо, — сказав Джиммі.
"Yes, mom," said Jimmy.

— Вимий своє обличчя також, — додала вона.
"Go wash your face too," she added.

За обідом Джиммі був дуже тихий. Йому було ніяково. Він не міг ні їсти, ні пити. Він навіть не хотів скуштувати свій улюблений морквяний торт.

During the dinner, Jimmy was very quiet. He felt uncomfortable. He couldn't eat and he couldn't drink. He didn't even want to try his favorite carrot cake.

Вночі Джиммі ніяк не міг заснути. Щось було не так. Він встав і підійшов до ліжка свого старшого брата.

At night, Jimmy couldn't sleep. Something didn't feel right. Getting up, he approached his oldest brother's bed.

— Гей, ти спиш? — прошепотів він .

"Hey, are you sleeping?" he whispered.

— Джиммі, що трапилося? — пробурмотів його старший брат, ледве відкриваючи свої сонні очі. — Повертайся в ліжко.

"Jimmy, what happened?" mumbled his oldest brother, slowly opening his sleepy eyes. "Go back to your bed."

— Я не можу заснути. Я все ще думаю про мамині квіти, — тихо сказав Джиммі. — Я мав би бути обережніше з ними.

"I can't sleep. I keep thinking about mom's flowers," said Jimmy quietly. "I should have been careful with them."

— Ти ж це не навмисно зробив, — сказав старший брат. — Не хвилюйся. Лягай спати!
"Oh, that was an accident," said the oldest brother. "Don't worry. Go back to sleep!"

— Але я не повинен був обманювати маму, — сказав Джиммі, топчучись на місці.
"But I should not have lied to mom," said Jimmy still staying there.

Старший брат підвівся з ліжка.
— Так, — погодився він. — Ти повинен був сказати їй правду.
The oldest brother sat up on his bed. "Yes," he agreed. "You should have told her the truth."

— Я знаю, — сказав Джиммі, знизуючи плечима. — То, що мені тепер робити?
"I know," said Jimmy, shrugging his shoulders. "What am I going to do now?"

— Прямо зараз — лягати спати. А вранці ти розкажеш мамі всю правду. Домовились?
"For now, go to sleep. And in the morning, you will tell mom the truth. Deal?"

— Добре,— сказав Джиммі і повільно поплентався до свого ліжка.

"OK," said Jimmy and he trudged slowly to his bed.

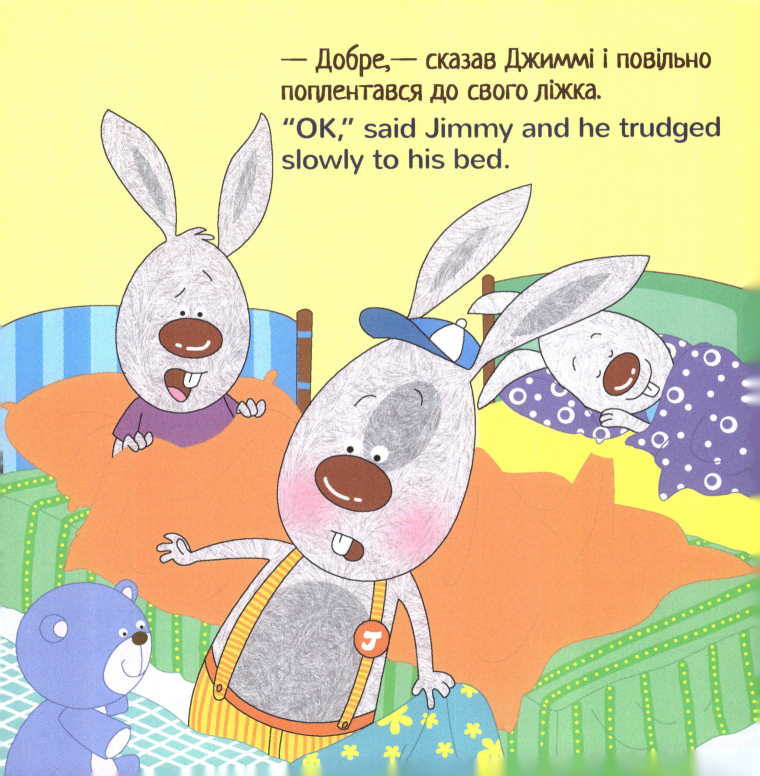

Наступного ранку він прокинувся рано, вскочив з ліжка і побіг шукати свою маму. Вона була на подвір'ї.

The next morning, he woke up very early, jumped out of his bed, and ran looking for his mom. She was in the backyard.

— Матусю, — покликав її Джиммі. — Це я зруйнував твої квіти, а не інопланетяни. — Він підбіг і обійняв маму.

"Mommy," Jimmy called. "I was the one who ruined your flowers, not the aliens." He ran over and hugged his mom.

Мама обняла його у відповідь і сказала:
— Я така щаслива, що ти розказав всю правду. Я знаю, це було нелегко, і я пишаюся тобою, Джиммі.

Mom hugged him back and replied, "I'm so happy that you told the truth. I know it wasn't easy, and I'm proud of you, Jimmy."

— Будь ласка не засмучуйся через квіти. Ми щось придумаємо, — сказав Джиммі.

"Please don't be sad about the flowers. We'll think of something," said Jimmy.

Мама похитала головою.
— Я не через квіти хвилювалася. Я засмутился через те, що ти не сказав мені правду.

Mom shook her head. "I was not worried about the flowers. I was sad about you not telling me the truth."

— Вибач мені, мамо, — сказав Джиммі. Я більше не буду обманювати.

"I'm sorry, mom," said Jimmy. "I won't lie again."

Після сніданку Джиммі разом з татом пішли купити нових ромашок, і вся родина допомагала мамі посадити їх.

After breakfast, Jimmy and his dad went to buy some daisy seedlings, and the whole family helped mom plant them.

Джиммі зрозумів, що набагато краще говорити правду. Це всіх робить щасливішими. Ось чому, з того дня, він завжди говорить правду.

Jimmy learned that telling the truth makes him and his family happy. That's why from that day on, he always tells the truth.

Lightning Source UK Ltd.
Milton Keynes UK
UKHW050717260422
402026UK00005B/199

9 781525 962370